www.ingramcontent.com/pod-product-compliance
Lightning Source LLC
Chambersburg PA
CBHW041607260326
41914CB00012B/1407
9781912817979